Las FRUTAS QUE COMEMOS

Edición actualizada

Gail Gibbons

HOLIDAY HOUSE · NEW YORK

Para Shania, Denise y Shane Thurston

Se agradece especialmente a Becky Sideman, especialista en horticultura de la Universidad de Nuevo Hampshire, en Durham (Nuevo Hampshire), y a Wendy Klooster, doctora en Horticultura y Ciencias de los Cultivos de la Universidad Estatal de Ohio.

NARANJAS

MANZANAS

PERAS

DURAZNOS

BAYAS

ME

La mayoría de las frutas son PERENNES. Brotan una y otra vez todos los años en la misma planta.

Las FRUTAS ANUALES brotan una sola vez. La mayoría deben plantarse de nuevo, pero otras desprenden sus propias semillas.

Generalmente, las frutas tienen una textura carnosa.

Hay muchos tipos de frutas. Se comen partes de la fruta o la fruta entera.

MI PLATO

Recomendaciones para una alimentación diaria equilibrada

LÁCTEOS

FRUTAS

CEREALES

VERDURAS

PROTEÍNAS

www.myplate.gov
USDA: Departamento de Agricultura de los Estados Unidos

Las frutas tienen un rico sabor y nos ayudan a mantener el cuerpo sano y fuerte.

Los niños deben comer entre 1 y 1½ tazas (236.6 y 354.9 ml) de fruta al día.

Las frutas se consumen de diferentes maneras.

PLANTAS HERBÁCEAS, ARBUSTOS, ENREDADERAS Y...

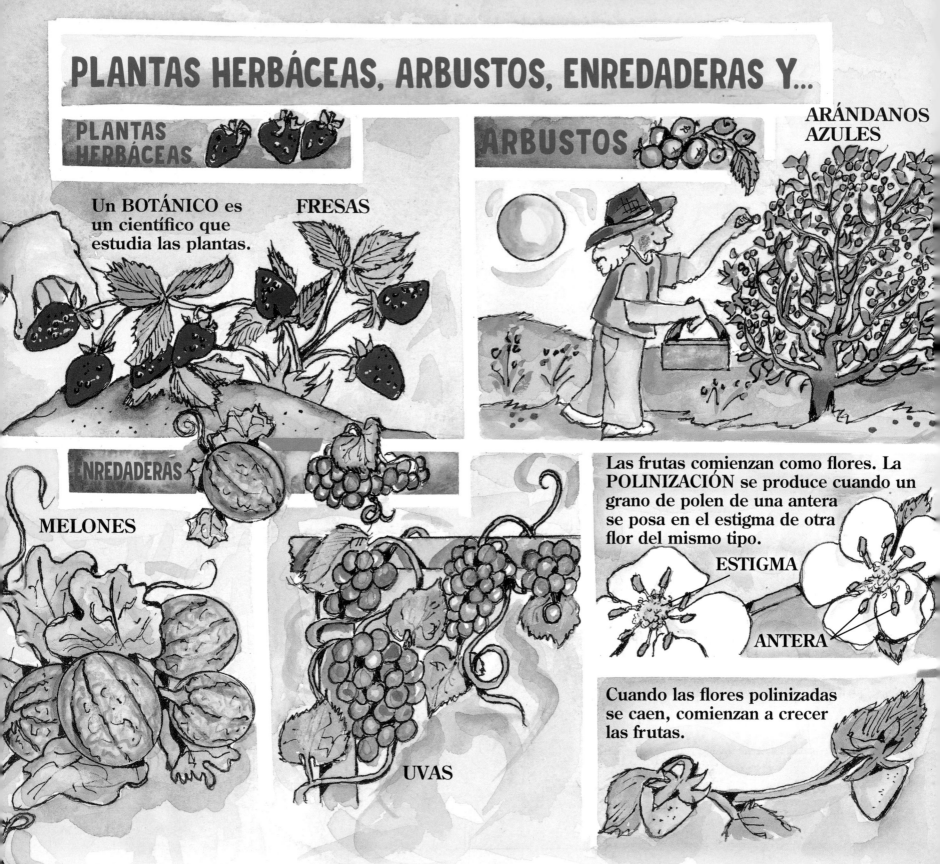

PLANTAS HERBÁCEAS

Un BOTÁNICO es un científico que estudia las plantas.

FRESAS

ARBUSTOS

ARÁNDANOS AZULES

ENREDADERAS

MELONES

UVAS

Las frutas comienzan como flores. La POLINIZACIÓN se produce cuando un grano de polen de una antera se posa en el estigma de otra flor del mismo tipo.

ESTIGMA

ANTERA

Cuando las flores polinizadas se caen, comienzan a crecer las frutas.

Los botánicos agrupan las frutas según los tipos de plantas que las producen.

ÁRBOLES

MANZANO DE CORTLAND

PERAL BARTLETT

DURAZNERO RELIANCE

NARANJO NAVEL

Muchas frutas tienen sabor dulce. Otras pueden ser ácidas.

PLANTAS HERBÁCEAS Y...

La **FRESA SILVESTRE** es mucho más pequeña que la cultivada.

La **FRESA** es una planta herbácea.

Todas las bayas son **PERENNES**.

Casi todas las bayas que se consumen son **CULTIVADAS**. Eso significa que la gente las planta y las cuida antes de cosecharlas.

PARTES DE LA FRESA

La fresa es la única fruta que tiene semillas en la parte exterior.

TALLO

PIEL FINA

SEMILLAS

INTERIOR CARNOSO

COSECHAR es recoger los frutos.

Las fresas tienen un sabor dulce.

Las bayas son frutas de tamaño pequeño. Pueden ser blandas o duras. Algunas son dulces, mientras que otras son ácidas.

ARBUSTOS

La **FRAMBUESA** y la **ZARZAMORA** silvestres son de tamaño pequeño. Crecen en pequeños arbustos con espinas llamados **ZARZAS**.

ZARZAMORAS CULTIVADAS
DULCES

FRAMBUESAS CULTIVADAS
DULCES

PARTES DE LA FRAMBUESA

ESPINAS

TALLO

CENTRO DURO

SEMILLA

INTERIOR CARNOSO

Cada **DRUPEOLA** contiene una sola semilla.

Ciertas bayas crecen en arbustos. Algunas están formadas por racimos de pequeñas bolitas de piel lisa, llamadas drupeolas.

El ARÁNDANO AZUL SILVESTRE es pequeño. La mayoría crece en arbustos bajos.

El ARÁNDANO AZUL CULTIVADO es más grande y crece en arbustos altos.

DULCE

PARTES DEL ARÁNDANO AZUL

PIEL FIRME

TALLO

INTERIOR CARNOSO

SEMILLAS

ARÁNDANO ROJO
ÁCIDO

Las bayas de superficie lisa pueden tener una o varias semillas.

GROSELLA NEGRA
ÁCIDA

GROSELLA
ÁCIDA

Muchas de las bayas que comemos tienen la piel lisa.

Cada planta produce una piña
por temporada.

La piña crece en
climas cálidos.

Los agricultores separan los
RETOÑOS de los tallos de
las plantas de piña maduras.

Cuando se planta un retoño,
la siguiente temporada
crecerá una nueva
piña, grande
y jugosa.

PARTES DE LA PIÑA

HOJAS
ESPINOSAS

SEGMENTOS
ESPINOSOS

PIEL
DURA Y
ESPINOSA

NÚCLEO
CENTRAL
DURO

TALLO

INTERIOR
FIRME

La piña es una planta perenne. Es un miembro grande y espinoso
de la familia de las bayas. Si se le quitan las espinas exteriores, se
puede comer la dulce y jugosa fruta de la piña.

LA PLATANERA

Los agricultores cortan RETOÑOS de la parte inferior de las plataneras maduras.

Cuando se planta un retoño, crece otra platanera.

PARTES DE LA BANANA

PIEL FIRME llamada CÁSCARA

INTERIOR FIRME

TALLO

La PLATANERA puede llegar a medir entre 4.6 metros (15 pies) y 6.1 metros (20 pies) de altura.

RACIMO DE BANANAS

La platanera crece en climas cálidos.

Algunas variedades de banana se llaman PLÁTANOS.

La mayoría de los plátanos se comen cocinados.

La banana es dulce y muy nutritiva. La platanera es una planta anual que crece con rapidez y produce una sola cosecha a lo largo de su vida.

FRUTAS DE ENREDADERA

Al inicio de la temporada de cultivo se plantan las semillas. Los agricultores siembran las semillas dentro de pequeños montículos de tierra.

MELÓN CHINO

El melón crece y crece hasta que está maduro y puede ser cosechado.

MELÓN GOTA DE MIEL

Los melones se cultivan en verano o en climas cálidos.

PARTES DE LA SANDÍA

PIEL EXTERIOR, DURA Y LISA

SEMILLAS

TALLO

INTERIOR CARNOSO

La mayoría de las SANDÍAS son largas y redondas.

El melón y la sandía crecen en enredaderas que se arrastran por el suelo. Tienen un sabor dulce y son plantas anuales.

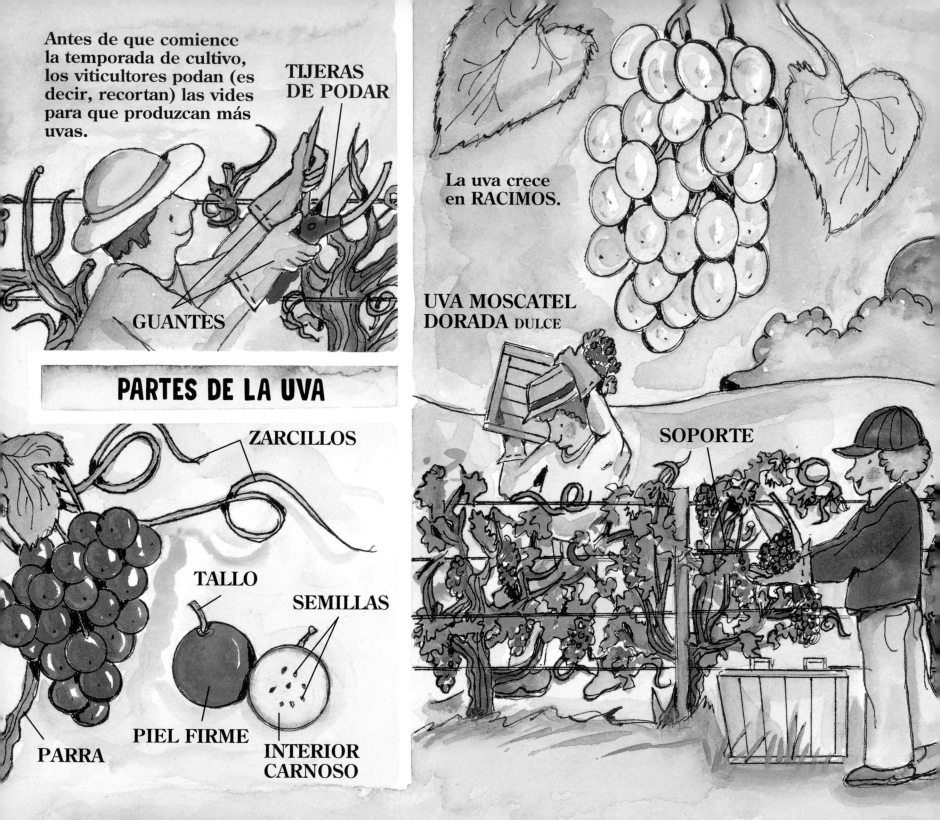

Antes de que comience la temporada de cultivo, los viticultores podan (es decir, recortan) las vides para que produzcan más uvas.

TIJERAS DE PODAR

GUANTES

La uva crece en RACIMOS.

UVA MOSCATEL DORADA DULCE

PARTES DE LA UVA

ZARCILLOS

TALLO

SEMILLAS

PIEL FIRME

INTERIOR CARNOSO

PARRA

SOPORTE

La uva crece en racimos en la vid. Es una fruta perenne. Muchas uvas son redondas y otras tienen forma ovalada. Algunas uvas son dulces y otras ácidas.

ZARCILLOS

EMPARRADO

UVA
CONCORDIA
ÁCIDA

UVA LLAMA
ROJA
ÁCIDA

Cuando las UVAS maduran, es el momento de la vendimia.

Los zarcillos de las vides se enrollan en los soportes que han colocado los viticultores.

Si las uvas tocan el suelo mientras crecen, se pudren.

La vid necesita soportes para que los pesados racimos no toquen el suelo.

ÁRBOLES FRUTALES

EL MANZANO

Todos los árboles frutales son PERENNES.

GOLDEN DELICIOUS
DULCE

MANZANA VERDE (GRANNY SMITH)
ÁCIDA

PARTES DE LA MANZANA

TALLO

PIEL FINA

INTERIOR CRUJIENTE

SEMILLAS

CORAZÓN

Las SEMILLAS se hallan en CÁMARAS llamadas CARPELOS.

MCINTOSH
DULCE

Las manzanas pueden ser dulces o ácidas.

A lo largo de una temporada de cultivo, las manzanas del huerto han ido creciendo. Cuando maduran, es el momento de la cosecha.

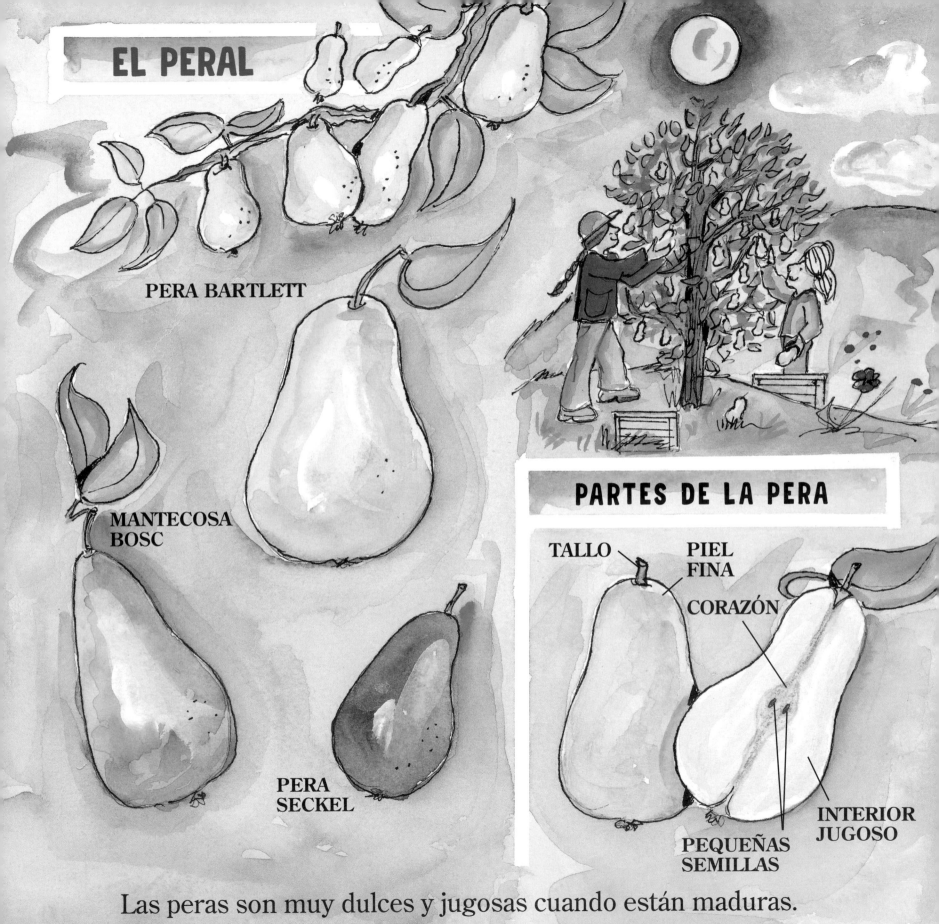

EL PERAL

PERA BARTLETT

MANTECOSA
BOSC

PERA
SECKEL

PARTES DE LA PERA

TALLO

PIEL
FINA

CORAZÓN

PEQUEÑAS
SEMILLAS

INTERIOR
JUGOSO

Las peras son muy dulces y jugosas cuando están maduras.

EL CEREZO

PARTES DE LA CEREZA

TALLO

INTERIOR CARNOSO Y JUGOSO

PIEL SUAVE, BRILLANTE Y FINA

UNA SEMILLA DENTRO DE UN HUESO, TAMBIÉN LLAMADO GRANO

CEREZA BING
DULCE

CEREZA MONTMORENCY
ÁCIDA

CEREZA ROYAL ANN
DULCE

Las cerezas son una fruta pequeña. Muchas saben dulces, mientras que otras son ácidas. Se recogen cuando maduran y adquieren color.

EL DURAZNERO

DURAZNO RELIANCE

DURAZNO MAY GOLD

PARTES DEL DURAZNO

PIEL FINA Y VELLOSA

TALLO

INTERIOR CARNOSO Y JUGOSO

UNA SEMILLA DENTRO DE UN HUESO, TAMBIÉN LLAMADO GRANO

Los melocotones o duraznos son jugosos y dulces. La piel del melocotón es vellosa.

EL LIMONERO

LIMÓN MEYER

Todos los limones
tienen un sabor ácido.

LIMÓN EUREKA

PARTES DEL LIMÓN

TALLO

SEMILLAS

PULPA

Piel dura llamada
CÁSCARA

GAJOS DE
LIMÓN

LIMÓN DE
LOS CAYOS

Estos árboles producen cítricos, unas frutas ácidas. Los limones
se recolectan cuando están maduros.

EL NARANJO Y EL POMELO

NARANJA VALENCIA

NARANJA NAVEL

POMELO MARSH
ÁCIDO

POMELO ROJO RUBÍ
DULCE

PARTES DE LA NARANJA

TALLO

GAJOS DE NARANJA

CÁSCARA

PULPA

SEMILLAS

Otros cítricos dan jugosas naranjas y pomelos o toronjas. Las naranjas tienen sabor dulce. Algunos pomelos son dulces, otros son ácidos.

Las frutas resistentes crecen en **CLIMAS ESTACIONALES**, donde el tiempo cambia a lo largo del año, dando lugar a las estaciones.

Muchos arbustos, enredaderas y árboles frutales se mantienen en **DORMANCIA** durante el invierno.

En **DORMANCIA** significa que está vivo, pero no crece.

Las frutas se cultivan en distintos climas. Hay climas estacionales.

Se utiliza un **MACHETE** para cortar los gruesos tallos de la planta.

¡FRÁGIL!

Hay climas cálidos.

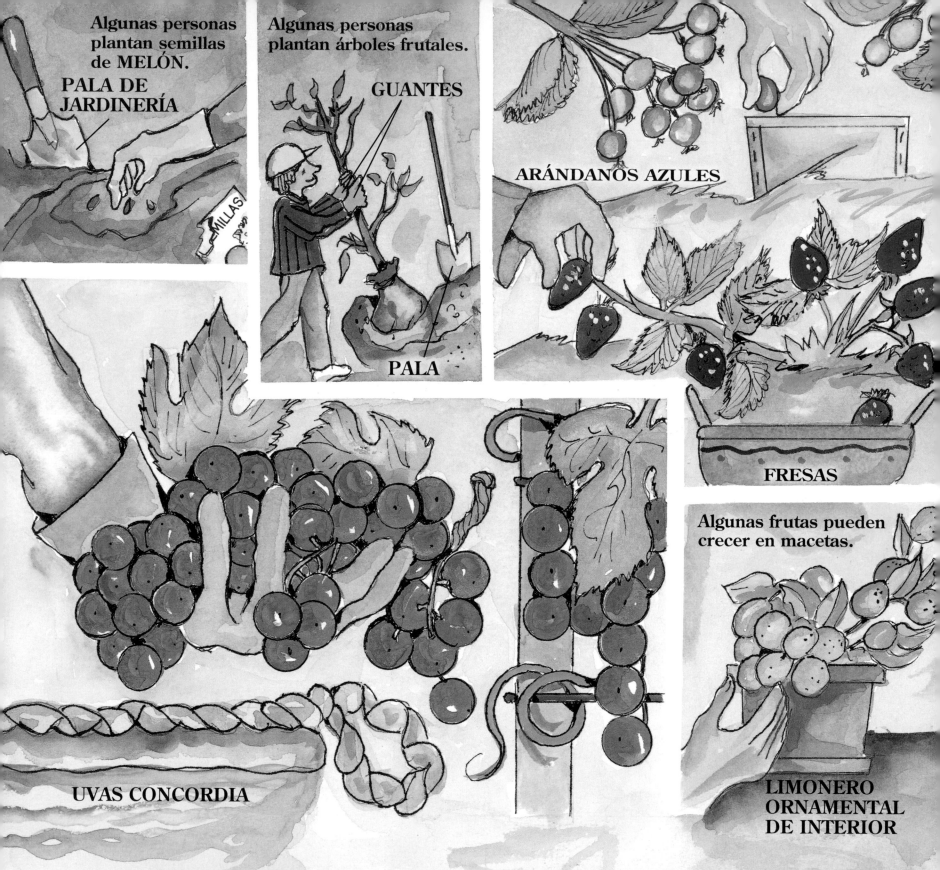

Algunas personas plantan semillas de MELÓN.

PALA DE JARDINERÍA

Algunas personas plantan árboles frutales.

GUANTES

PALA

ARÁNDANOS AZULES

FRESAS

Algunas frutas pueden crecer en macetas.

UVAS CONCORDIA

LIMONERO ORNAMENTAL DE INTERIOR

A mucha gente le gusta cultivar sus propias frutas. Eligen frutas que crecen en el clima en que viven o las cultivan en invernaderos.

PLANTACIONES DE FRUTALES

FRESAL

CAMPO DE ARÁNDANOS ROJOS

PLANTACIÓN DE BANANAS

¡FRÁGIL!

VIÑEDO

MANZANAR

NARANJAL

La mayoría de las frutas que comemos se cultivan en grandes plantaciones industriales.

LA COSECHA EN UNA GRAN PLANTACIÓN

RECOLECCIÓN DE FRESAS

RECOLECCIÓN DE ARÁNDANOS ROJOS

RECOLECTOR DE ARÁNDANOS

RECOLECCIÓN DE BANANAS

MACHETE

RECOLECCIÓN DE UVAS

CESTAS

Durante la cosecha, las frutas deben manipularse con cuidado.

En las grandes plantaciones de fruta, muchas personas se encargan de la cosecha. A veces utilizan máquinas. ¡Hay gran variedad de frutas!

Las frutas son seleccionadas y lavadas. Algunas son envasadas enteras. El resto se envía a distintos centros de procesamiento de frutas.

Las frutas enlatadas y congeladas contienen muchos nutrientes.

Las frutas frescas y las procesadas se envían a tiendas cercanas y lejanas.

Algunos pequeños fruticultores venden en puestos lo que cultivan.

FRUTAS CONGELADAS, FRUTAS EN CONSERVA y muchos otros productos de fruta

OFERTAS

FRUTAS FRESCAS

La mayoría de la gente compra en las tiendas frutas frescas y productos derivados de las frutas. ¡Las fruterías son muy coloridas!

OTRAS FRUTAS COMESTIBLES

AGUACATE

MANGO

PAPAYA

KIWIS

DÁTILES

CIRUELAS

CAQUIS

ALBARICOQUES

ACEITUNAS

CARAMBOLAS

HIGOS

MANDARINAS

GRANADAS

FRUTAS... FRUTAS... FRUTAS...

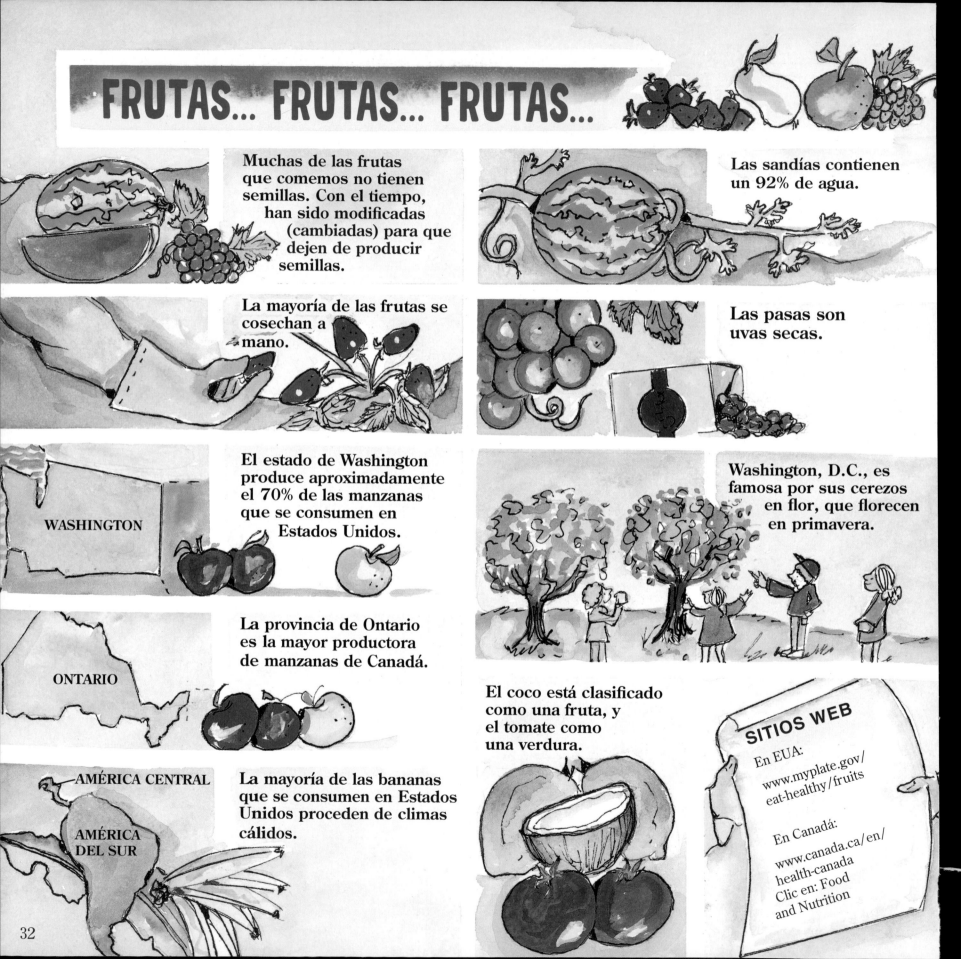

Muchas de las frutas que comemos no tienen semillas. Con el tiempo, han sido modificadas (cambiadas) para que dejen de producir semillas.

Las sandías contienen un 92% de agua.

La mayoría de las frutas se cosechan a mano.

Las pasas son uvas secas.

WASHINGTON

El estado de Washington produce aproximadamente el 70% de las manzanas que se consumen en Estados Unidos.

Washington, D.C., es famosa por sus cerezos en flor, que florecen en primavera.

ONTARIO

La provincia de Ontario es la mayor productora de manzanas de Canadá.

El coco está clasificado como una fruta, y el tomate como una verdura.

AMÉRICA CENTRAL

AMÉRICA DEL SUR

La mayoría de las bananas que se consumen en Estados Unidos proceden de climas cálidos.

SITIOS WEB

En EUA:
www.myplate.gov/
eat-healthy/fruits

En Canadá:
www.canada.ca/en/
health-canada
Clic en: Food
and Nutrition